CUISINE COCOONING

CES RECETTES QUI FONT DU BIEN AU MORAL !

ISBN : 978-2-84567-947-4
Dépôt légal : janvier 2015
Achevé d'imprimer décembre 2014
Imprimé en Espagne

Tana éditions, un département d'Édi8
12, avenue d'Italie
75013 Paris
Tél. : 01 44 16 09 00
Fax : 01 44 16 09 01
Internet : www.tana.fr

Julie Soucail

CUISINE COCOONING

CES RECETTES QUI FONT DU BIEN AU MORAL !

Photographies de Fabrice Vegas

Stylisme de Julie Soucail

Tana
éditions

CUISINEZ COCOONING !

Comme chaque année, en hiver, on a comme des envies d'hiberner et de se faire chouchouter. Alors pour cela rien de plus simple que de se concocter de délicieux plats qui font du bien et qui réconfortent !

La cuisine cocooning, des plats totalement gourmands qui vont vous aider à affronter la grisaille et le froid ambiant, car il faut bien le dire, il n'y rien de mieux que de se faire du bien en mangeant !

Au diable les calories, vivent les graisses qui réchauffent, les bons petits plats qui fleurent bon l'enfance, la cuisine en cocotte, les feux de cheminée et les petits brunchs du dimanche matin.

ON VOUS LE DIT, VOUS ALLEZ ADORER ÇA !

SOMMAIRE

RECETTES SOLO 71

INDEX 102

RECETTES POUR GRANDE TABLÉE

6 PERSONNES PRÉPARATION **30 MIN** REPOS **30 MIN** CUISSON **1 H**

VELOUTÉ AUX CÈPES ET CHAMPIGNONS DE PARIS

LISTE DE COURSES

- 75 g de cèpes déshydratés
- 20 cl de lait
- 3 gousses d'ail
- 2 pommes de terre moyennes
- 750 g de champignons de Paris
- 50 g de beurre
- 1 l de bouillon de volaille
- 1 branche de thym
- 1 feuille de laurier
- 50 cl de crème fraîche
- Le jus d'un ½ citron
- 3 c. à s. de persil ciselé
- Sel, poivre du moulin

Pour accompagner

- 5 tranches épaisses de pain rassis
- 3 c. à s. d'huile d'olive + 1 filet
- 180 g de lardons
- Sel, poivre du moulin

Coupez le pain rassis en gros dés, placez-les dans un saladier, versez l'huile d'olive et 1 pincée de sel. Mélangez bien et laissez reposer le temps de la préparation en remuant fréquemment.

Placez les cèpes dans un bol et couvrez-les de lait. Laissez-les se réhydrater pendant 30 min. Épluchez, dégermez et hachez l'ail. Épluchez, lavez et séchez les pommes de terre, détaillez-les en cubes. Égouttez les cèpes. Hachez-les grossièrement. Coupez le bout terreux des champignons, rincez-les, séchez-les puis coupez-les en lamelles.

Faites chauffer le beurre dans un petit faitout, faites-y revenir l'ail pendant quelques minutes puis ajoutez les champignons et les cèpes hachés. Faites suer l'ensemble à feu moyen jusqu'à ce que l'eau soit résorbée. Incorporez les pommes de terre, mélangez quelques instants puis versez le bouillon de volaille, ajoutez le thym et le laurier. Couvrez et faites cuire à petits frémissements pendant 30 min.

Pendant ce temps, préparez l'accompagnement. Faites chauffer une poêle et faites-y dorer les croûtons en mélangeant. Égouttez-les sur du papier absorbant. Essuyez la poêle, versez 1 filet d'huile et faites-y griller les lardons. Égouttez-les sur du papier absorbant.

Retirez le thym et le laurier, mixez l'ensemble puis incorporez la crème. Reversez dans la casserole et faites chauffer jusqu'aux premiers frémissements. Hors du feu, ajoutez le jus de citron et poivrez. Servez bien chaud, parsemé de persil ciselé et accompagné de croûtons et de lardons grillés.

6 PERSONNES PRÉPARATION **20 MIN** CUISSON **25 MIN**

SALADE TIÈDE AUX FOIES DE VOLAILLE

LISTE DE COURSES

- 300 g de mesclun
- 600 g de pommes de terre Charlotte
- 5 tiges d'oignons blancs ou de ciboules
- 7 cl d'huile de tournesol
- 500 g de foies de volaille
- 2,5 cl de vinaigre de cidre
- 1 c. à c. de moutarde
- Sel, poivre du moulin

Rincez et essorez le mesclun.

Épluchez et lavez les pommes de terre. Faites-les cuire à la vapeur pendant environ 20 min jusqu'à ce qu'elles soient tendres. Maintenez-les au chaud.

Rincez et séchez les tiges d'oignons ou de ciboules, puis émincez-les.

Faites chauffer 2 c. à s. d'huile dans une poêle et saisissez-y les foies de volaille pendant environ 2 min de chaque côté, ils doivent être encore un peu rosés. Retirez-les de la poêle, réservez-les au chaud.

Déglacez la poêle avec le vinaigre et faites réduire la sauce de 1 à 2 min.

Émulsionnez la moutarde et la sauce de cuisson avec 1 pincée de sel. Incorporez petit à petit le restant d'huile en filet tout en fouettant. Poivrez.

Répartissez le mesclun, les pommes de terre et les foies de volaille dans 6 assiettes creuses. Arrosez de sauce et parsemez de vert d'oignons ou de ciboules ciselés.

6 PERSONNES PRÉPARATION **15 MIN** CUISSON **1 H 20**

POMMES DE TERRE SOUS LA CENDRE

LISTE DE COURSES

- 6 grosses pommes de terre
- 2 grosses poignées de cresson de fontaine
- 5 c. à s. de crème fraîche épaisse
- ½ c. à c. de paprika
- 100 g d'œufs de saumon
- 6 tranches de saumon fumé
- Sel, poivre du moulin

Deux cuissons possibles :
À la cheminée.
Lavez et séchez soigneusement les pommes de terre. Enveloppez chacune d'elles dans un morceau de papier d'aluminium. Disposez-les sous la braise de la cheminée, de façon à ce qu'elles soient bien couvertes. Laissez cuire de 45 min à 1 h en fonction de la taille des pommes de terre.

Au four.
Préchauffez le four à 180 °C. Préparez les pommes de terre comme précédemment. Disposez-les dans un plat allant au four. Enfournez pendant environ 1 h 20. Vérifiez la cuisson en plantant un pique à brochette dans la chair, celle-ci doit être bien tendre.

Préparez la crème au cresson. Rincez et séchez le cresson, effeuillez-le pour retirer les tiges épaisses. Hachez les feuilles.

Versez la crème fraîche dans un bol, ajoutez le cresson et le paprika, salez, poivrez, mélangez bien l'ensemble.

Servez les pommes de terre ouvertes, dans leur papier et tranchées dans la longueur, accompagnées de crème au cresson, d'œufs de saumon et de tranches de saumon fumé.

Vous pouvez remplacer le cresson par de l'aneth, de la ciboulette ou un mélange de persil et de cerfeuil haché.

PURÉE MAISON À LA CRÈME FRAÎCHE

LISTE DE COURSES

- 1 kg de pommes de terre Charlotte ou Bintje
- 20 cl de lait
- 150 g de beurre
- 110 g de crème fraîche épaisse
- 1 pincée de muscade
- Sel, poivre du moulin

Rincez les pommes de terre, ne les épluchez pas. Faites-les cuire en démarrant la cuisson à l'eau froide pendant environ 25 min, jusqu'à ce qu'elles soient tendres. Retirez la peau des pommes de terre puis passez-les au presse-purée.

Faites bouillir le lait.

Mettez la purée dans une casserole, allumez le feu et faites dessécher l'ensemble pendant 3 min à feu moyen. Coupez le beurre en petits morceaux et incorporez-les petit à petit. Mélangez bien jusqu'à ce qu'il soit complètement absorbé. Versez alors le lait chaud, mélangez à nouveau puis incorporez la crème fraîche. Laissez réchauffer à feu doux pendant 2 min sans cesser de remuer. Ajoutez la muscade râpée, salez et poivrez.

Servez chaud.

LÉGUMES D'HIVER CONFITS À LA GRAISSE D'OIE

LISTE DE COURSES

- 1 petit butternut
- 3 carottes
- 3 c. à s. de graisse d'oie
- 6 fonds d'artichauts
- 6 gousses d'ail en chemise
- 1 branche de thym
- 1 feuille de laurier
- Sel, poivre du moulin

Rincez le butternut, coupez-le en 2, retirez les graines et les filaments puis détaillez-le en tranches d'environ 3 cm d'épaisseur.

Épluchez, rincez et séchez les carottes, coupez-les en 2 dans la longueur.

Faites fondre la graisse d'oie dans une petite casserole, répartissez la moitié dans le fond d'un grand plat allant au four. Disposez tous les légumes ainsi que les gousses d'ail en chemise dans le plat (utilisez 2 plats si nécessaire). Arrosez les légumes du restant de graisse d'oie, effeuillez le thym, ajoutez le laurier, salez et poivrez. Couvrez le plat hermétiquement d'une feuille de papier d'aluminium.

Placez le plat dans le four et réglez le thermostat sur 150 °C, laissez cuire pendant 2 h. Retirez la feuille d'aluminium, augmentez la température à 180 °C et prolongez la cuisson pendant encore 1 h en arrosant régulièrement.

Servez chaud en accompagnement d'une viande ou d'un poisson.

6 PERSONNES PRÉPARATION **25 MIN** CUISSON **50 MIN**

GRATIN DAUPHINOIS AU LARD

LISTE DE COURSES

- 1,5 kg de pommes de terre à chair ferme
- 1 noix de beurre pour le moule
- 6 tranches de poitrine fumée
- 30 cl de crème fraîche
- 75 cl de lait
- 1 pincée de muscade fraichement râpée
- Sel, poivre du moulin

Épluchez, lavez et séchez les pommes de terre. Coupez-les en rondelles de 3 mm d'épaisseur. Versez-les dans un saladier, salez et poivrez, mélangez bien pour que l'ensemble soit bien assaisonné.

Préchauffez le four à 180 °C.

Beurrez un grand plat à gratin, disposez-y les pommes de terre en rangées en les inclinant. Intercalez les tranches de poitrine, régulièrement, entre les rangées.

Fouettez la crème et le lait avec un peu de sel, de poivre et de muscade.

Versez le mélange sur le gratin et enfournez de 45 à 50 min environ jusqu'à ce que les pommes de terre soient fondantes et la surface du gratin légèrement dorée.

4 À 6 PERSONNES PRÉPARATION **25 MIN** CUISSON **55 MIN**

LAPIN AUX OIGNONS ET POMMES DE TERRE CONFITS

LISTE DE COURSES

- 1 kg de pommes de terre à chair farineuse (Bintjes ou Manon)
- 2 oignons
- Huile pour friture
- 3 c. à s. d'huile d'olive
- 1 lapin découpé en morceaux
- 1 c. à s. de persil ciselé
- Sel, poivre

Épluchez les pommes de terre, rincez-les et séchez-les bien. Coupez-les en petits cubes.

Épluchez et ciselez les oignons.

Faites frire les pommes de terre dans une sauteuse jusqu'à ce qu'elles soient dorées.

Versez 2 c. à s. d'huile d'olive dans une cocotte et faites-y revenir les oignons jusqu'à ce qu'ils commencent à blondir. Retirez-les de la cocotte avec une écumoire et réservez-les.

Versez le restant d'huile d'olive dans la cocotte et faites-y bien dorer les morceaux de lapin à feu vif. Salez, poivrez, couvrez et laissez cuire pendant 20 min à feu doux, en mélangeant fréquemment. Ajoutez les oignons et les pommes de terre frites. Prolongez la cuisson pendant 20 min, à couvert, en mélangeant fréquemment jusqu'à ce que les pommes de terre soient fondantes.

Goûtez et rectifiez l'assaisonnement si nécessaire.

Servez chaud, parsemé de persil ciselé.

6 PERSONNES PRÉPARATION **20 MIN** REPOS **12 H** CUISSON **3 H**

CARBONADE FLAMANDE

LISTE DE COURSES

- 2 cubes de bouillon de bœuf
- 60 cl de bière brune
- 2 c. à c. de vinaigre de vin
- 1 branche de thym
- 1 feuille de laurier
- 1 pincée de poivre en grains
- 1 kg de bœuf à braiser (paleron, gîte, joues...)
- 450 g d'oignons
- 1 c. à s. d'huile
- 50 g de beurre
- 1 c. à s. de vergeoise brune
- 1,5 c. à s. de farine
- 4 tranches de bon pain d'épices
- 2 c. à c. de moutarde
- Sel, poivre du moulin

La veille, délayez les cubes de bouillon dans 40 cl d'eau chaude. Laissez refroidir puis délayez ce bouillon avec la bière. Ajoutez le vinaigre de vin, le thym, le laurier, 1 petite pincée de sel et les grains de poivre légèrement écrasés.

Détaillez la viande en cubes de 3 cm, versez la marinade dans un plat et ajoutez la viande. Mélangez bien. Couvrez hermétiquement de film alimentaire et laissez mariner pendant toute 1 nuit au frais.

Le lendemain, épluchez et émincez les oignons. Égouttez la viande au-dessus d'un récipient. Réservez la marinade.

Faites chauffer l'huile et le beurre dans une cocotte et faites-y dorer les morceaux de viande. Retirez-les avec une écumoire et remplacez-les par les oignons. Faites-les revenir jusqu'à ce qu'ils commencent à dorer puis ajoutez la vergeoise. Augmentez le feu et faites légèrement caraméliser. Remettez la viande dans la cocotte, saupoudrez de farine, mélangez et laissez cuire, sur feu doux, pendant 2 min. Versez la marinade et mélangez. Si la viande n'est pas complètement recouverte, ajoutez un peu de bouillon ou de bière.

Laissez cuire pendant 2 h à couvert et à petits frémissements.

Tartinez les tranches de pain d'épices de moutarde puis coupez-les en cubes. Incorporez-les au contenu de la cocotte, mélangez et prolongez la cuisson pendant 30 min, toujours à couvert. Retirez le couvercle et laissez réduire la sauce pendant 30 min.

Goûtez et rectifiez l'assaisonnement si nécessaire. Servez bien chaud.

6 PERSONNES PRÉPARATION **25 MIN** CUISSON **2 H 30**

BLANQUETTE DE VEAU

LISTE DE COURSES

- 1 oignon
- 3 clous de girofle
- 600 g de tendron de veau
- 700 g d'épaule de veau
- 1 petite carotte
- ½ côte de céleri en branches
- 1 blanc de poireau
- 1 branche de thym
- 1 feuille de laurier
- 15 cl de vin blanc sec
- 15 petits oignons blancs
- 200 g de champignons de Paris
- 1 citron
- 40 g de beurre
- 125 g de crème fraîche épaisse
- 3 jaunes d'œufs
- 1 pincée de muscade fraîchement râpée
- Sel, poivre du moulin

Pelez et piquez l'oignon de clous de girofle. Coupez la viande en cubes. Épluchez la carotte. Lavez le céleri, la carotte et le blanc de poireau. Mettez la viande dans une cocotte, ajoutez les légumes, le thym, le laurier, l'oignon, le vin puis versez de l'eau jusqu'à couvrir l'ensemble. Salez et poivrez. Portez à ébullition pendant 5 min en retirant l'écume qui se forme. Baissez le feu et laissez cuire pendant 2 h.

Coupez le foin et le vert des oignons blancs, rincez-les et séchez-les. Retirez l'extrémité terreuse des champignons, lavez-les et séchez-les. Coupez-les en quartiers et citronnez-les.

Faites fondre 20 g de beurre dans une casserole, ajoutez les oignons ainsi que 5 cl d'eau, laissez cuire pendant 20 min jusqu'à ce qu'ils soient tendres. Faites fondre le beurre restant et faites-y suer les champignons jusqu'à ce que tout le liquide soit résorbé. Mélangez les oignons et les champignons et réservez au chaud. Lorsque la viande est cuite, retirez-la de la cocotte, ajoutez les oignons et les champignons, mélangez et maintenez au chaud.

Filtrez le bouillon de cuisson dans une passoire à grille fine. Versez le bouillon et faites réduire à feu vif jusqu'à ce qu'il en reste 20 cl. Incorporez la crème fraîche, faites bouillir pendant 1 min puis éteignez le feu. Prélevez 1 louche de bouillon et fouettez-la avec les jaunes.

Versez ce mélange dans la casserole et faites épaissir à feu très doux en fouettant sans cesse pendant environ 15 s jusqu'à ce que la sauce soit onctueuse. Ajoutez la muscade et le jus d'½ citron, mélangez. Rectifiez l'assaisonnement si nécessaire. Versez la sauce sur la viande, mélangez bien et servez chaud.

BŒUF BOURGUIGNON

LISTE DE COURSES

- 1 kg de bœuf à braiser (joues, gîte, macreuse, paleron)
- 1 oignon
- 4 clous de girofle
- 1 kg de carottes
- 5 échalotes
- 1 c. à c. de poivre en grains
- 3 c. à s. d'huile
- 2 c. à s. de farine
- 75 cl de vin rouge
- 3 branches de thym
- 2 feuilles de laurier
- 2 cubes de bouillon de bœuf
- 4 c. à s. de persil haché
- Sel

Détaillez la viande en gros dés.

Épluchez l'oignon et piquez-le de clous de girofle.

Épluchez les carottes et les échalotes. Lavez et séchez les carottes, coupez-les en rondelles. Émincez finement les échalotes. Écrasez légèrement les grains de poivre.

Faites chauffer l'huile dans une cocotte et faites-y dorer la viande de tous côtés. Retirez-la et remplacez-la par les échalotes hachées. Faites-les revenir à feu doux jusqu'à ce qu'elles deviennent translucides. Saupoudrez de farine et faites cuire de 2 à 3 min, en remuant sans cesse. Ajoutez le vin rouge, le thym et le laurier, les grains de poivre et émiettez les cubes de bouillon. Mélangez l'ensemble puis incorporez la viande, les carottes ainsi que l'oignon. Versez de l'eau jusqu'à recouvrir la viande, laissez cuire pendant 3 h à couvert en mélangeant de temps en temps. 20 min avant la fin de la cuisson, retirez le couvercle pour faire épaissir la sauce. Goûtez et rectifiez l'assaisonnement si nécessaire.

Avant de servir, parsemez de persil et accompagnez de pommes vapeur, de tagliatelles ou de pâtes fraîches.

6 PERSONNES PRÉPARATION **25 MIN** CUISSON **ENVIRON 1 H**

VRAIS SPAGHETTIS BOLOGNAISES

LISTE DE COURSES

- ¼ de carotte
- 1 oignon
- ¼ de côte de céleri en branches
- 300 g d'épaule de porc
- 300 g de bœuf à braiser (joues, gîte, macreuse)
- 3 c. à s. d'huile d'olive
- 1 verre de vin rouge
- 400 g de coulis de tomates
- 1 pincée de cannelle
- 2 clous de girofle
- 450 g de spaghettis
- Parmesean râpé
- Sel, poivre du moulin

Épluchez la carotte et l'oignon. Rincez et séchez le céleri et la carotte. Détaillez-les en brunoise. Ciselez l'oignon.

Coupez la viande en petits morceaux ou passez-la au hachoir à viande. Versez l'huile d'olive dans une sauteuse assez large et faites-y revenir la viande avec les légumes pendant environ 5 min en mélangeant constamment. Versez le vin rouge, prolongez la cuisson de 2 à 3 min jusqu'à ce que la viande devienne rouge. Ajoutez le coulis de tomates, la cannelle, les clous de girofle, salez et poivrez. Mélangez bien et laissez cuire très doucement de 50 min à 1 h en remuant fréquemment jusqu'à ce que le coulis de tomates soit complètement absorbé et que la sauce soit bien crémeuse. Ajoutez un verre d'eau en cours de cuisson.

Faites bouillir un grand volume d'eau, salez-la et faites-y cuire les spaghettis *al dente* en respectant le temps de cuisson indiqué sur le paquet.

Égouttez bien les pâtes puis réchauffez-les de 2 à 3 min dans la sauce, sur feu très doux.

Servez avec du parmesan râpé.

6 PERSONNES PRÉPARATION **5 MIN** CUISSON **35 MIN**

CAMEMBERT RÔTI

LISTE DE COURSES

- 2 camemberts pas trop faits
- Sel, poivre du moulin

Pour accompagner (au choix)
- Ciboulette
- Mouillettes ou cubes de pain grillé
- Pommes de terre

Deux cuissons possibles.
Au four.
Préchauffez le four à 180 °C. Ouvrez les boîtes de camembert et retirez les fromages de leur emballage. Replacez-les dans leur boîte et refermez. Enfournez pendant 20 min puis retirez les couvercles des boîtes, passez le four en mode gril et prolongez la cuisson pendant 15 min.

À la cheminée.
Ouvrez les boîtes de camenbert et retirez les fromages de leur emballage. Replacez-les dans leur boîte puis enveloppez-les plusieurs fois dans du papier d'aluminium. Placez-les sous les braises de la cheminée et laissez cuire pendant environ 15 min.

À l'aide d'un couteau, retirez la croûte des fromages, salez légèrement, poivrez. Servez-les immédiatement bien chaud, façon fondue au centre de la table avec des mouillettes ou des cubes de pain grillé, un peu de ciboulette ciselée ou encore des pommes de terre au four ou sous la cendre (voir recette p. 18).

6 PERSONNES PRÉPARATION **35 MIN** CUISSON **2 H 40**

TOURTE AU BOEUF ET À LA BIÈRE BRUNE

LISTE DE COURSES

- 1 kg de viande de bœuf type bourguignon (joues, gîte, macreuse....)
- ½ carotte
- 1 blanc de poireau
- 1 oignon
- 3 c. à s. d'huile de tournesol
- 2 c. à s. de farine
- 35 cl de bière brune
- 1 cube de bouillon de volaille bio
- 2 branches de thym
- 2 feuilles de laurier
- 1 c. à c. de grains de poivre noir légèrement concassés
- 100 g de cheddar
- 2 pâtes feuilletées
- 1 jaune d'œuf
- Sel

Détaillez la viande en cubes de 3 cm. Épluchez, rincez et séchez la carotte et le poireau. Épluchez l'oignon, hachez-le ainsi que le poireau, coupez la carotte en petits dés.

Faites chauffer l'huile dans une cocotte et faites-y dorer la viande. Retirez-la et placez-y les légumes. Faites suer pendant 5 min, ajoutez la viande, versez la farine en pluie, faites cuire pendant 2 min en mélangeant. Versez la bière, mélangez, ajoutez de l'eau de manière à ce que la viande soit recouverte. Émiettez le bouillon de volaille dans la cocotte, ajoutez le thym, le laurier et le poivre en grains. Laissez mijoter à couvert pendant 2 h. 30 min avant la fin de la cuisson, retirez le couvercle et faites réduire l'ensemble jusqu'à ce que la farce soit bien onctueuse et qu'il ne reste plus de liquide. Hachez grossièrement la viande, ajoutez le cheddar coupé en petits dés et mélangez.

Foncez une tourtière beurrée et farinée avec l'une des pâtes feuilletées en laissant dépasser les bords. Piquez le fond de coups de fourchette puis répartissez la garniture à l'intérieur. Découpez un cercle dans la deuxième pâte feuilletée de même diamètre que votre moule. Rabattez les bords de la pâte sur le cercle en appuyant pour les souder. Dorez la surface avec l'œuf battu, striez la surface avec un couteau.

Enfournez à 180 °C pendant 35 min dans le bas du four. 15 min avant la fin de la cuisson, remontez la tourte pour faire dorer la surface. Retirez la tourte du four lorsqu'elle est bien dorée.

6 PERSONNES PRÉPARATION **15 MIN** REPOS **12 H** CUISSON **4 H**

MAGRETS CONFITS

LISTE DE COURSES

- 3 magrets de canard
- 4 c. à s. de gros sel
- 750 g de graisse de canard ou d'oie
- 1 branche de thym
- 1 feuille de laurier
- Poivre du moulin ou piment d'Espelette

La veille, enduisez les magrets de gros sel puis disposez-les dans une boîte hermétique. Réservez au frais pendant 12 h.

Le lendemain, essuyez soigneusement les magrets avec un torchon propre ou du papier absorbant. Quadrillez la peau avec la pointe d'un couteau. Versez la graisse de canard dans une cocotte, faites-la fondre puis disposez-y les magrets sans qu'ils se chevauchent. Ajoutez le thym et le laurier, fermez la cocotte et laissez confire pendant 4 h dans la graisse juste frémissante. Arrosez de temps en temps.

Égouttez les magrets puis faites-les dorer à la poêle. Égouttez-les à nouveau après cuisson sur une assiette garnie de papier absorbant. Poivrez et servez avec des pommes de terre sautées à la graisse de canard.

En version froide, à l'apéritif, égouttez-les et épongez-les bien puis laissez-les refroidir. Servez-les coupés en tranches et parsemez d'un peu de poivre fraîchement moulu ou de piment d'Espelette.

Pour une version encore plus moelleuse, disposez-les dans un grand bocal et recouvrez-les avec la graisse de cuisson. Laissez refroidir, fermez le bocal et réservez 24 heures au réfrigérateur.

6 PERSONNES PRÉPARATION **20 MIN** CUISSON **3 H**

VÉRITABLE POT-AU-FEU

LISTE DE COURSES

- 3 navets
- 3 grosses carottes
- 3 poireaux
- 4 feuilles de chou
- 12 pommes de terre moyennes
- 1 oignon
- 3 clous de girofle
- 600 g de plat de côte
- 600 g de macreuse ficelée
- 600 g de paleron ficelé
- 1 branche de thym
- 2 feuilles de laurier
- Gros sel
- 1 pincée de poivre noir en grain

Pour servir

- Moutarde
- Gros sel

Lavez et épluchez les légumes. Coupez les navets en deux, les carottes et les poireaux en trois. Épluchez l'oignon et piquez-le de clous de girofle.

Disposez les viandes dans une marmite et couvrez d'eau. Ajoutez l'oignon piqué de clous de girofle, le thym et le laurier. Portez lentement à ébullition puis écumez.

Ajoutez tous les légumes sauf les pommes de terre. Laissez cuire pendant 3 h à couvert à petits frémissements. Assaisonnez d'1 bonne pincée de gros sel et de poivre noir concassé à mi-cuisson. Ajoutez les pommes de terre 25 min avant la fin de la cuisson.

Au moment de servir, retirez les viandes du bouillon et coupez-les en tranches, servez les légumes et le bouillon à part, le tout accompagné de gros sel et de moutarde forte.

PARMENTIER DE CANARD

LISTE DE COURSES

- 1 kg de pommes de terre type Bintje ou Charlotte
- 175 g de beurre
- 25 cl de lait
- 1 pincée de muscade fraîchement moulue
- 6 cuisses de canard confites
- 1 oignon
- 3 échalotes
- 125 g de chapelure
- Sel, poivre du moulin

Lavez les pommes de terre et faites-les cuire à l'eau salée de 20 à 25 min jusqu'à ce qu'elles soient tendres. Laissez-les tiédir puis épluchez-les. Passez-les au presse-purée. Desséchez la purée dans la casserole de 2 à 3 min sur feu doux. Ajoutez 150 g de beurre coupé en parcelles, mélangez jusqu'à ce qu'il soit complètement absorbé puis incorporez le lait petit à petit. Salez, poivrez, assaisonnez d'une pointe de muscade.

Retirez les cuisses de canard de leur boîte, prélevez l'équivalent de 4 c. à s. de graisse. Essuyez les cuisses, retirez la peau et effilochez la chair. Épluchez l'oignon et les échalotes, émincez l'ensemble.

Préchauffez le four à 210 °C.

Faites chauffer 3 c. à s. de graisse de canard dans une grande poêle et faites-y blondir l'oignon et les échalotes hachés. Ajoutez la chair de canard et faites revenir l'ensemble à feu doux pendant environ 15 min, en mélangeant fréquemment. Salez et poivrez.

Graissez légèrement un grand plat à gratin avec un peu de graisse de canard restante. Répartissez la viande en couche au fond du plat puis ajoutez par dessus la purée de pommes de terre. Parsemez la surface de chapelure puis répartissez le restant de beurre coupé en parcelles. Enfournez pendant environ 25 min jusqu'à ce que la surface soit dorée.

POULET À LA CRÈME ET AUX GIROLLES

LISTE DE COURSES

- 60 g de beurre
- 1 filet d'huile
- 1 poulet découpé en morceaux
- 5 cl de vin blanc sec
- 500 g de girolles
- 20 cl de crème fraîche
- 3 jaunes d'œufs
- Sel, poivre du moulin

Faites chauffer 40 g de beurre avec un filet d'huile dans une grande poêle ou une cocotte, faites-y dorer les morceaux de poulet sur toutes les faces. Ajoutez le vin blanc, salez et poivrez. Laissez mijoter à feu doux de 35 à 40 min jusqu'à ce que le poulet soit cuit.

Préchauffez le four à 50 °C.

Préparez les girolles : coupez l'extrémité terreuse puis essuyez-les soigneusement avec un pinceau jusqu'à ce qu'il ne reste plus de traces de terre. Faites-les suer à feu moyen avec le restant de beurre pendant 5 minutes. Réservez au chaud.

Fouettez la crème avec les jaunes d'œufs, salez et poivrez.

Lorsque le poulet est cuit, retirez-le de la cocotte, disposez-le dans un plat, couvrez de papier d'aluminium et maintenez-le au chaud dans le four.

Déglacez le fond de la cocotte avec un peu d'eau, laissez réduire à feu vif puis baissez le feu au maximum. Attendez quelques minutes puis versez la préparation à la crème et les girolles. Mélangez bien et faites épaissir sur feu doux jusqu'à ce que la sauce soit onctueuse. Goûtez et rectifiez l'assaisonnement si nécessaire.

Versez la sauce sur le poulet, mélangez et servez chaud.

6 PERSONNES PRÉPARATION **20 MIN** REPOS **6 H** CUISSON **45 MIN**

GIGOT QUI PLEURE

LISTE DE COURSES

- 1 branche de romarin
- 1 c. à s. de thym
- 1 pincée de gros sel
- 1 pincée de grains de poivre noir concassés
- 1 gigot d'1,5 kg
- 6 cl d'huile d'olive
- 1,2 kg de pommes de terre Charlotte
- 3 feuilles de laurier
- Sel, poivre du moulin

Effeuillez la branche de romarin, mélangez-le avec le thym, le gros sel et un peu de poivre concassé. Étalez le mélange sur une planche. Massez le gigot avec 3 cl d'huile d'olive jusqu'à ce qu'il soit bien enduit puis roulez-le dans les herbes en appuyant légèrement pour les faire adhérer. Disposez le gigot dans un plat, couvrez de film alimentaire et réservez pendant 6 h au frais.

Épluchez, lavez et séchez les pommes de terre, coupez-les en lamelles un peu épaisses (environ 4 cm). Placez-les dans un saladier, ajoutez l'huile d'olive restante, salez et poivrez. Mélangez de façon à ce que toutes les lamelles de pommes de terre soient bien enduites.

Sortez le gigot du réfrigérateur 1 h avant la cuisson.

Préchauffez le four à 240 °C.

Huilez légèrement la lèchefrite de votre four. Posez le gigot au centre de la grille du four. Enfournez-le au milieu du four, disposez la lèchefrite au-dessous.

Au bout de 15 min de cuisson, étalez les pommes de terre dans la lèchefrite, mélangez un peu puis ajoutez les feuilles de laurier. Enfournez sous le gigot, baissez la température à 200 °C et prolongez la cuisson pendant 30 min jusqu'à ce que les pommes de terre soient fondantes. Remuez-les de temps en temps en cours de cuisson.

Mettez les pommes de terre dans un plat et servez-les avec le gigot.

6 PERSONNES PRÉPARATION **20 MIN** CUISSON **50 MIN**

RÔTI DE VEAU ORLOFF

LISTE DE COURSES

- 280 g d'emmental ou de comté
- 1 rôti de veau de 1,4 kg
- 16 tranches de bacon
- 1 barde de lard
- 1 petit oignon
- 3 échalotes
- 1 branche de thym
- 1 feuille de laurier
- 1 verre de vin blanc
- Sel, poivre du moulin

Préchauffez le four à 160 °C.

Coupez le fromage en 16 tranches.

Pratiquez 16 entailles dans le rôti assez profondes mais sans trancher la viande. Insérez dans chaque entaille 1 tranche de bacon et 1 tranche de fromage. Enroulez la largeur du rôti dans une barde de lard en serrant légèrement puis ficelez-le.

Épluchez l'oignon et les échalotes, hachez-les. Disposez le rôti dans un plat, ajoutez l'oignon, les échalotes, le thym et le laurier. Versez le vin blanc, salez légèrement et poivrez.

Enfournez pendant 50 minutes, arrosez régulièrement le rôti en cours de cuisson. Ajoutez un peu d'eau si nécessaire, il doit toujours rester un peu de liquide dans le fond du plat. Si le fromage colore trop, couvrez le rôti d'une feuille de papier d'aluminium.

6 PERSONNES PRÉPARATION **25 MIN** REPOS **30 MIN** CUISSON **55 MIN**

CHOU FARCI

LISTE DE COURSES

- 1 petit chou frisé
- 150 g de mie de pain
- 15 cl de lait
- 4 oignons
- 3 c. à s. d'huile
- 300 g d'échine de porc
- 200 g de lard fumé
- 300 g de chair à saucisse
- 3 c. à s. de persil haché
- 1 gros œuf
- 10 cl de bouillon de volaille
- 5 cl de vin blanc
- Sel, poivre du moulin

Faites chauffer un grand volume d'eau salée. À ébullition, plongez-y le chou, faites-le blanchir pendant 10 min pour attendrir les feuilles. Égouttez le chou, plongez-le dans de l'eau bien froide, placez-le à l'envers dans une passoire pour bien l'égoutter. Sélectionnez 12 feuilles assez larges, retirez les morceaux de côtes trop dures.

Préparez la farce : faites tremper la mie de pain dans le lait. Épluchez et ciselez finement les oignons et faites-les doucement revenir dans l'huile sans les colorer. Hachez finement l'échine de porc et le lard fumé, mélangez-les à la chair à saucisse. Hachez le cœur du chou, ajoutez-le aux viandes.

Essorez la mie de pain puis incorporez-la ainsi que le persil haché, les oignons et l'œuf préalablement battu. Assaisonnez de sel et de plusieurs tours de moulin à poivre, malaxez bien l'ensemble.

Façonner 12 boules de farce, enroulez-les dans chaque feuille de chou puis dans un morceau de film alimentaire en serrant bien, pour leur faire prendre forme. Réservez au frais pendant 30 min.

Préchauffez le four à 210 °C.

Versez le bouillon de volaille et le vin blanc dans un plat. Retirez le film alimentaire et disposez les choux dans le plat.

Enfournez pendant 35 min en arrosant régulièrement. Servez chaud.

6 PERSONNES PRÉPARATION **15 MIN** CUISSON **30 MIN**

TRUFFADE À LA TOMME

LISTE DE COURSES

- 150 g de lardons
- 1 filet d'huile
- 350 g de tomme fraîche
- 750 g de pommes de terre à chair ferme
- 50 g de graisse d'oie
- Sel, poivre du moulin

Faites dorer les lardons dans une grande poêle avec un filet d'huile. Retirez-les de la poêle et réservez-les.

Coupez la tomme en fines lamelles.

Épluchez, lavez et séchez les pommes de terre. Coupez-les en lamelles de 3 mm d'épaisseur. Salez et poivrez-les, mélangez bien.

Essuyez la poêle et faites-y chauffer la graisse d'oie, ajoutez les pommes de terre et faites-les dorer à feu moyen, baissez ensuite le feu au minimum et poursuivez la cuisson de 15 à 20 min, en mélangeant fréquemment, jusqu'à ce qu'elles soient fondantes. Ajoutez d'abord les lardons, mélangez, puis les lamelles de tomme. Augmentez légèrement le feu et tournez doucement avec une spatule jusqu'à ce que le fromage soit fondu.

Servez immédiatement.

4 À 6 PERSONNES PRÉPARATION **30 MIN** CUISSON **45 MIN**

GÂTEAU MOELLEUX POMMES ET CANNELLE

LISTE DE COURSES

- 140 g de poudre d'amandes
- 20 g de poudre de noisettes
- ½ c. à c. de levure
- 15 g de farine
- 1 pincée de sel
- 1 c. à c. de cannelle
- 3 œufs
- 130 g de sucre
- Le jus d'½ orange
- 1 c. à c. de zestes d'orange non traité
- 2 pommes
- 20 g de beurre fondu + 1 noix pour le moule
- Sucre de canne

Préchauffez le four à 180 °C.

Mélangez la poudre d'amandes, la poudre de noisettes, la levure, la farine, le sel et la cannelle.

Fouettez les œufs avec le sucre. Incorporez le jus et les zestes d'orange petit à petit au mélange précédent. Mélangez bien jusqu'à ce que l'ensemble soit lisse.

Épluchez et épépinez les pommes, coupez-les en fines lamelles.

Beurrez un moule pas trop large et versez-y la pâte. Disposez les lamelles de pommes au-dessus en rosace. Passez un peu de beurre sur la surface des pommes avec un pinceau de cuisine. Saupoudrez de sucre de canne.

Enfournez de 40 à 45 min.

6 PERSONNES PRÉPARATION **25 MIN** REPOS **4 H** CUISSON **15 MIN**

CRÊPES CARAMEL AU BEURRE SALÉ

LISTE DE COURSES

- 25 cl de lait
- 2 œufs
- 190 g de farine
- 50 g de beurre fondu
- 1 c. à s. de rhum
- Le jus d'½ orange
- 1 c. à c. de zestes d'orange
- ½ c. à s. d'huile

Pour la sauce caramel au beurre salé :

- 70 g de beurre demi-sel
- 160 g de sucre en poudre
- 15 cl de crème liquide
- 2 pincées de fleur de sel

Préparez la sauce au caramel : coupez le beurre en dés. Versez le sucre dans une casserole, ajoutez 1 filet d'eau jusqu'à ce que le sucre soit imbibé. Faites chauffer sur feu moyen, en mélangeant de temps en temps jusqu'à ce que le caramel prenne une couleur ambrée. Hors du feu, incorporez la crème puis le beurre petit à petit, en fouettant doucement jusqu'à ce que la crème soit lisse. Ajoutez alors la fleur de sel et mélangez. Laissez refroidir.

Mélangez le lait avec 25 cl d'eau. Fouettez les œufs, ajoutez le tiers du mélange lait/eau puis la farine en plusieurs fois en fouettant vigoureusement pour éviter les grumeaux. Versez le beurre, mélangez puis incorporez le reste du mélange lait/eau, le rhum, le jus et les zestes d'orange. Couvrez d'un torchon et laissez reposer pendant 4 h au frais.

Huilez la poêle avec un morceau de papier absorbant, faites bien chauffer. Fouettez doucement la pâte puis répartissez une louche dans la poêle. Au bout de 1 min, retournez la crêpe puis faites cuire l'autre face pendant environ 30 s. Mettez les crêpes sur une assiette. Renouvelez l'opération avec le reste de la pâte en huilant la poêle entre chaque crêpe.

Pour maintenir les crêpes au chaud, posez une assiette sur une casserole avec un fond d'eau sur feu doux et disposez-y petit à petit les crêpes. Servez les crêpes nappées de caramel au beurre salé.

4 À 6 PERSONNES PRÉPARATION **25 MIN** REPOS **2 H** CUISSON **35 MIN**

TARTE TATIN

LISTE DE COURSES

- 100 g de beurre + 1 noix pour le moule
- 2 kg de pommes
- 200 g de sucre semoule
- 1 jaune d'œuf pour dorer

Pour la pâte brisée :
- 150 g de farine
- 75 g de beurre
- 1 pincée de sel
- 2,5 cl d'eau

Préparez la pâte brisée : disposez la farine dans un grand saladier, creusez un puits et disposez-y le beurre coupé en parcelles ainsi que le sel. Travaillez l'ensemble du bout des doigts puis incorporez l'eau. Pétrissez rapidement pour obtenir une pâte lisse, formez une boule et enveloppez-la de film alimentaire. Réservez pendant 2 h au réfrigérateur.

Préchauffez le four à 210 °C.

Faites fondre le beurre dans une petite casserole. Épluchez les pommes et coupez-les en gros quartiers. Beurrez un moule à manqué anti-adhésif, saupoudrez le fond avec la moitié du sucre puis disposez-y les quartiers de pommes, côté bombé vers le fond du couvercle. Saupoudrez régulièrement avec le restant de sucre et arrosez de beurre fondu. Faites cuire sur feu moyen jusqu'à l'apparition d'un caramel doré. Éteignez le feu.

Abaissez la pâte sur 5 mm d'épaisseur (sortez la pâte du réfrigérateur 15 min avant de l'étaler) et découpez un cercle légèrement supérieur à la taille de votre moule. Posez ce cercle sur les pommes. Avec le manche d'une petite cuillère, enfoncez régulièrement les bords de la pâte autour des pommes. Battez le jaune d'œuf et dorez-en le dessus de la pâte.

Enfournez pendant 25 min. Laissez reposer pendant quelques minutes puis démoulez la tarte. Servez avec de la crème fraîche épaisse ou de la glace vanille.

MILLA
À LA FLEUR D'ORANGER

LISTE DE COURSES

- 35 g de farine de blé
  + 1 peu pour le moule
- 35 g de fécule de maïs
- 45 g de sucre en poudre
- 1 pincée de sel
- 3 œufs
- 10 cl de crème fraîche
- 50 cl de lait
- 2 c. à s. d'eau de fleur d'oranger
- 1 noix de beurre pour le moule

Préchauffez le four à 180 °C.

Mélangez la farine, la fécule, le sucre et le sel.

Fouettez les œufs avec la crème puis incorporez le mélange à base de farine petit à petit.

Faites bouillir le lait, versez-le sur le mélange tout en fouettant doucement puis incorporez l'eau de fleur d'oranger.

Beurrez et farinez un moule à manqué et versez-y le mélange.

Enfournez pendant 25 min. Laissez tiédir et déguster.

NINICHES BORDELAISES

LISTE DE COURSES

- 90 g de farine + 1 peu pour le moule
- 140 g de chocolat
- 90 g de beurre + 1 noix pour le moule
- 4 œufs
- 140 g de sucre en poudre
- 1 c. à c. de rhum

Préchauffez le four à 180 °C.

Beurrez et farinez un moule à cake.

Cassez le chocolat en morceaux et faites-les fondre au bain-marie avec le beurre coupé en morceaux.

Cassez les œufs, séparez les blancs des jaunes. Fouettez les jaunes avec le sucre. Incorporez le chocolat fondu puis la farine et le rhum. Battez les blancs en neige et incorporez-les au mélange chocolat/ jaunes d'œufs.

Versez la pâte dans le moule.

Enfournez de 30 à 35 min en vérifiant régulièrement la cuisson, le gâteau doit être encore un peu coulant au centre.

Laissez tiédir, démoulez puis laissez refroidir le gâteau.

6 PERSONNES PRÉPARATION **10 MIN** CUISSON **1 H 5**

RIZ AU LAIT
AU FOUR AU CARAMEL

LISTE DE COURSES

- 250 g de sucre semoule
- 90 cl de lait
- 1 belle gousse de vanille
- 180 g de riz rond

Préchauffez le four à 180 °C.

Préparez le caramel : versez 200 g de sucre dans une casserole, ajoutez 7 c. à s. d'eau et faites chauffer sur feu moyen, en mélangeant délicatement de temps en temps jusqu'à ce que le caramel prenne une belle couleur ambrée. Répartissez-le dans une cocotte à fond épais ou une petite marmite.

Versez le lait et le restant de sucre dans une casserole. Fendez la gousse de vanille et extrayez-en les graines, ajoutez-les ainsi que la gousse au contenu de la casserole. Portez le tout à ébullition puis versez le riz en pluie. Mélangez jusqu'à la reprise de l'ébullition puis laissez cuire à feu doux pendant 10 min en mélangeant fréquemment.

Retirez la gousse de vanille puis répartissez le riz au lait dans la cocotte, sur le caramel. Enfournez pendant 50 min.

En cours de cuisson, remuez 2 ou 3 fois la surface de la préparation pour résorber la peau qui se forme sur le dessus.

Servez tiède ou froid.

6 PERSONNES PRÉPARATION **15 MIN** CUISSON **30 MIN**

TARTE À LA VERGEOISE

LISTE DE COURSES

- 200 g de farine + 1 pincée pour le moule
- 100 g de poudre d'amandes
- 1 sachet de levure chimique
- 125 g de beurre mou + 1 noix pour le moule
- 80 g de vergeoise blonde
- 80 g de sucre
- 2 œufs
- 10 cl de lait
- Sel

Préchauffez le four à 200 °C.

Mélangez la farine, la poudre d'amandes, la levure et 1 pincée sel.

Fouettez le beurre avec la vergeoise et le sucre jusqu'à ce qu'il prenne la consistance d'une crème. Ajoutez les œufs un par un, en fouettant entre chaque ajout, puis le lait. Incorporez petit à petit le mélange sec, mélangez jusqu'à ce que la pâte soit lisse.

Beurrez et farinez un moule et versez-y la pâte, lissez la surface avec une spatule.

Enfournez de 25 à 30 min.

Laissez tiédir puis démoulez le gâteau et laissez-le refroidir sur une grille.

RECETTES SOLO

1 PERSONNE PRÉPARATION **2 MIN** CUISSON **30 MIN**

SALADE DE HARENGS POMMES À L'HUILE

LISTE DE COURSES

- 1 œuf
- 2 pommes de terre moyennes à chair ferme
- 1,5 filet de hareng
- ¼ d'oignon rouge
- 1,5 c. à s. d'huile d'olive
- 1 brin de persil plat
- Sel, poivre du moulin

Faites durcir l'œuf pendant 10 min à partir de l'ébullition.

Lavez les pommes de terre et faites-les cuire avec la peau jusqu'à ce qu'elles soient encore un peu fermes. Égouttez-les, laissez-les tiédir puis épluchez-les. Coupez-les en rondelles épaisses.

Écalez l'œuf, coupez-le en quartiers.

Détaillez les filets de hareng en morceaux de 2 cm.

Épluchez et émincez l'oignon rouge.

Disposez tous les ingrédients dans un petit saladier, arrosez d'huile d'olive, salez et poivrez, mélangez.

Effeuillez et ciselez le persil et parsemez-en la salade.

1 PERSONNE PRÉPARATION **10 MIN** CUISSON **15 MIN**

OEUF COCOTTE AU FOIE GRAS

MOUILLETTES AU BEURRE SALÉ

LISTE DE COURSES

- 1 grande tranche de pain de mie
- 15 g de beurre
- 1 œuf
- 2 c. à s. de crème liquide
- 30 g de foie gras mi-cuit
- Sel, poivre du moulin

Coupez la tranche de pain de mie en 4 dans la longueur.

Faites chauffer le beurre dans une poêle et faites-y dorer les mouillettes. Réservez sur du papier absorbant.

Préchauffez le four à 180 °C.

Cassez l'œuf, séparez le blanc du jaune. Mélangez le blanc avec la crème liquide, salez et poivrez.

Coupez le foie gras en lamelles, retirez si nécessaire la graisse. Disposez ces lamelles dans le fond d'un ramequin puis versez la crème. Placez le ramequin dans un plat à four, versez de l'eau bouillante jusqu'au deux tiers.

Enfournez pendant 10 min, ajoutez alors le jaune d'œuf et prolongez la cuisson pendant 3 minutes.

Dégustez chaud, accompagné de mouillettes au beurre salé et d'une salade verte.

1 PERSONNE PRÉPARATION **25 MIN** CUISSON **35 MIN**

CRÈME DE LENTILLES À L'ŒUF POCHÉ

LISTE DE COURSES

- 10 g de carotte
- 10 g de céleri en branches
- ½ gousse d'ail
- ½ échalote
- 5 g de beurre
- 75 g de lentilles vertes du Puy
- 20 cl de bouillon de volaille
- 15 g de crème fraîche
- 5 cl de vinaigre blanc
- 1 œuf
- ½ c. à s. de persil finement ciselé
- Sel, poivre du moulin

Épluchez la carotte. Rincez et séchez le céleri. Dégermez l'ail, hachez-le ainsi que l'échalote, taillez la carotte et le céleri en brunoise.

Faites fondre le beurre dans une casserole et faites-y suer le tout pendant quelques minutes. Versez les lentilles, mélangez bien jusqu'à ce qu'elles soient bien imprégnées. Versez le bouillon de volaille, mélangez, couvrez et laissez cuire pendant environ 25 min jusqu'à ce que les lentilles soient tendres.

Mixez le tout et passez-le au chinois. Incorporez la crème fraîche, salez, poivrez et faites chauffer sur feu très doux.

Pendant ce temps, portez à frémissements 75 cl d'eau. Ajoutez le vinaigre blanc. Cassez 1 œuf dans une tasse et versez-le dans l'eau, laissez cuire pendant 3 min en rabattant le blanc sur le jaune avec une écumoire pour lui donner une forme ronde. Récupérez l'œuf avec l'écumoire, égouttez-le sur du papier absorbant.

Versez la soupe dans 1 bol puis disposez l'œuf poché sur le dessus.

Parsemez de persil ciselé et servez chaud accompagné de mouillettes de pain grillé.

1 PERSONNE PRÉPARATION **10 MIN** CUISSON **10 MIN**

CROQUE-MONSIEUR

LISTE DE COURSES

- 1 tranche de jambon blanc un peu épaisse
- 25 g de beurre
- 2 tranches de pain de mie
- 1 tranche de fromage fondu spécial croque-monsieur
- 25 g de gruyère ou d'emmental râpé
- 1 filet d'huile
- Poivre du moulin

Coupez la tranche de jambon en 2.

Beurrez légèrement l'intérieur des tranches de pain.

Superposez 1 tranche de pain, le fromage fondu, le jambon, poivrez, puis parsemez de gruyère râpé. Fermez le croque avec la deuxième tranche de pain en appuyant légèrement.

Beurrez légèrement le dessus du croque-monsieur.

Faites chauffer le restant de beurre dans une petite poêle avec un filet d'huile, déposez le croque-monsieur sur le côté non beurré et faites-le dorer à feu moyen pendant environ 3 min.

Retournez-le à l'aide d'une spatule pour le faire dorer de l'autre côté, pendant 3 min à nouveau.

Appuyez avec la spatule sur le dessus pour que le fromage fonde plus rapidement.

Mettez-le dans un plat, découpez-le en triangles et servez avec une salade bien assaisonnée.

1 PERSONNE PRÉPARATION **5 MIN** CUISSON **15 MIN**

VRAIS ŒUFS BROUILLÉS

LISTE DE COURSES

- 2 œufs
- 5 g de beurre
- ½ c. à s. de crème fraîche
- Sel, poivre du moulin

Cassez les œufs et fouettez-les avec une pincée de sel.

Faites fondre le beurre dans une petite casserole, ajoutez les œufs battus. Glissez un diffuseur de chaleur ou une petite poêle sous la casserole et fouettez le mélange pendant environ 15 min jusqu'à ce qu'il devienne crémeux. Ajoutez la crème fraîche et continuez à fouetter de 2 à 3 min.

Poivrez et dégustez chaud avec du pain grillé et une salade verte.

Agrémentez vos œufs brouillés d'un peu de ciboulette ciselée, d'œufs de saumon, de lamelles de saumon fumé ou de tranches de bacon grillées à la poêle.

BEURRE DE SARDINES

LISTE DE COURSES

- ½ échalote
- 1 boîte de sardines à l'huile
- 80 g de beurre à température
- Sel, poivre du moulin

Épluchez et hachez finement l'échalote.

Égouttez et épongez les sardines avec du papier absorbant. Ouvrez-les en 2 et retirez l'arête centrale.

Mélangez les sardines, le beurre et l'échalote avec un peu de sel et de poivre jusqu'à l'obtention d'une crème bien lisse.

Mettez le mélange dans un ramequin et réservez au frais pendant au moins 1 h.

Dégustez avec du pain grillé, du vert d'oignon ou de la ciboulette ciselés.

1 PERSONNE PRÉPARATION **15 MIN** CUISSON **40 MIN**

MACARONIS AU FROMAGE

LISTE DE COURSES

- 100 g de macaronis
- 10 cl de lait
- 20 g de beurre
- 10 g de farine
- 1 c. à c. de crème fraîche
- 30 g de gruyère râpé
- 10 g de dés de jambon blanc
- 1 pincée de noix de muscade fraîchement râpée
- 10 g de chapelure
- Sel, poivre

Faites cuire les macaronis *al dente* en suivant les indications du paquet.

Pendant ce temps, préparez une béchamel : faites chauffer le lait. Faites fondre 10 g de beurre dans une petite casserole, versez la farine en pluie et mélangez sur feu doux pendant 2 min jusqu'à ce que le mélange forme une boule. Délayez avec un peu de lait chaud puis incorporez petit à petit le reste de lait. Faites épaissir la sauce en mélangeant jusqu'à ce qu'elle soit onctueuse. Hors du feu incorporez la crème fraîche.

Égouttez bien les pâtes, mélangez-les à la béchamel. Ajoutez le gruyère râpé, les dés de jambon et la muscade, salez et poivrez.

Préchauffez le four à 180 °C.

Beurrez un moule à gratin individuel et répartissez-y la préparation. Parsemez de chapelure et de noisettes de beurre.

Enfournez de 20 à 25 min jusqu'à ce que la surface du gratin soit doré.

1 PERSONNE PRÉPARATION **15 MIN** CUISSON **25 MIN**

BRIOCHE À LA BÉCHAMEL ET À L'ESTRAGON

LISTE DE COURSES

- 1 brioche à tête
- 1 branche d'estragon
- 15 cl de lait
- 12 g de beurre
- 12 g de farine
- 1 pincée de noix de muscade fraîchement râpée
- Sel, poivre du moulin

Coupez le chapeau de la brioche, réservez-le.

Creusez la mie avec une cuillère à café en laissant un peu d'épaisseur dans le fond et en veillant à ne pas entailler la croûte.

Effeuillez et hachez grossièrement l'estragon.

Préparez la béchamel : faites chauffer le lait. Faites fondre le beurre dans une petite casserole, ajoutez la farine en pluie et mélangez pendant 2 min sur feu doux, jusqu'à ce que la pâte forme une boule. Délayez avec un peu de lait chaud puis incorporez petit à petit le reste de lait. Faites épaissir la sauce en mélangeant jusqu'à ce qu'elle soit onctueuse. Salez, poivrez, assaisonnez de muscade puis hors du feu, incorporez l'estragon haché.

Préchauffez le four à 180 °C.

Disposez la brioche dans un petit plat à four. À l'aide d'une petite cuillère, remplissez-la de béchamel. Replacez le chapeau et enfournez pendant 15 min, en surveillant pour que la brioche ne colore pas trop.

Dégustez chaud avec une salade verte.

1 PERSONNE PRÉPARATION **10 MIN** REPOS **2 H** CUISSON **5 MIN**

GALETTE COMPLÈTE

LISTE DE COURSES

- 30 g de farine de sarrasin
- 1 petite pincée de gros sel
- 6 cl d'eau
- 1 œuf + 1 jaune d'œuf
- 5 g de beurre
- 1 tranche de jambon un peu épaisse
- 15 g d'emmental râpé
- Sel, poivre du moulin

Versez la farine dans un saladier, mélangez-la avec le gros sel.

Ajoutez l'eau progressivement tout en fouettant puis incorporez le jaune d'œuf. Couvrez le récipient et réservez pendant 2 h au frais.

Faites chauffer une crêpière et faites-y fondre le beurre. Versez la pâte puis tournez la poêle pour bien répartir la pâte. Faites cuire la première face pendant 1 min 30 à feu moyen puis retournez-la à l'aide d'une spatule et faites cuire l'autre face pendant 1 min.

Disposez le jambon au centre de la galette, parsemez d'emmental râpé puis cassez l'œuf, salez et poivrez.

Retournez les pans de la galette sur la garniture pour former un carré, appuyez avec la spatule pour les faire adhérer. Baissez le feu au minimum, couvrez la poêle et laissez cuire de 2 à 3 min jusqu'à ce que le blanc d'œuf soit pris et le fromage fondu.

Dégustez chaud accompagné de salade verte.

1 PERSONNE PRÉPARATION **10 MIN** CUISSON **25 MIN**

GRATIN DE SEMOULE À L'EMMENTAL

LISTE DE COURSES

- 15 cl de lait
- 25 g de semoule de blé fine
- 1 jaune d'œuf
- 25 g de beurre
- 1 pincée de muscade fraîchement râpée
- 30 g d'emmental râpé
- Sel, poivre du moulin

Préchauffez le four à 160 °C.

Versez le lait dans une petite casserole et portez-le à ébullition. Ajoutez la semoule en pluie et faites épaissir sur feu doux pendant environ 5 min sans cesser de remuer, jusqu'à ce que le lait soit absorbé.

Hors du feu, incorporez le jaune d'œuf, 15 g de beurre, la muscade et 20 g d'emmental râpé. Salez et poivrez.

Beurrez une cassolette et versez-y le mélange. Parsemez du restant d'emmental et de beurre coupé en petits morceaux.

Enfournez de 15 à 20 min jusqu'à ce que la surface du gratin commence à dorer.

1 PERSONNE PRÉPARATION **10 MIN** CUISSON **5 MIN**

FONDUE AU CHOCOLAT AU MARSHMALLOW

LISTE DE COURSES

- 6 marshmallows
- 75 g de chocolat
- 5 cl de crème fleurette
- 2 c. à c. de café fort

Piquez les marshmallows sur une brochette.

Hachez le chocolat.

Faites chauffer la crème dans une casserole avec le café puis versez-la sur le chocolat haché.

Mettez le tout dans la casserole, faites chauffer en mélangeant doucement jusqu'à ce que la texture soit lisse. Mettez la préparation dans un bol ou dans celui d'un petit appareil à fondue qui vous permettra de conserver la préparation au chaud plus longtemps.

Dégustez les marshmallows trempés dans le chocolat fondu.

Vous pouvez remplacer les marshmallows, selon la saison, par des cubes de pommes, de poires, des rondelles de bananes, des fraises ou encore des cubes de pain d'épices légèrement grillés.

Pour une version épicée, ajoutez une pincée de cannelle au chocolat fondu.

1 PERSONNE PRÉPARATION **20 MIN** REPOS **1 H** CUISSON **25 MIN**

CRÈME CARAMEL

LISTE DE COURSES

- 75 g de sucre
- 1 œuf
- 10 cl de lait
- 5 cl de crème liquide
- ½ c. à c. d'extrait naturel de vanille

Versez 30 g de sucre dans une petite casserole, ajoutez 1 c. à c. d'eau. Tournez délicatement la casserole pour que le sucre soit complètement imbibé. Faites chauffer sur feu moyen jusqu'à l'obtention d'un caramel ambré. Répartissez immédiatement le caramel dans le fond d'un ramequin.

Fouettez l'œuf avec le restant de sucre jusqu'à ce que le mélange blanchisse.

Versez le lait et la crème liquide dans une casserole, ajoutez l'extrait de vanille. Mélangez et portez le tout à ébullition.

Versez le mélange bouillant sur l'œuf battu tout en fouettant jusqu'à ce que le mélange soit lisse. Filtrez le tout dans une passoire à grille fine puis versez-le dans le ramequin, sur le caramel.

Préchauffez le four à 180 °C.

Disposez le ramequin dans un plat à four. Versez de l'eau bouillante jusqu'au deux tiers du ramequin. Enfournez pendant environ 25 min jusqu'à ce que la crème soit prise.

Retirez le ramequin du four, laissez-le refroidir dans le bain-marie. Réservez au frais pendant au moins 1 h.

Passez délicatement la lame d'un couteau autour de la crème puis renversez-la sur une assiette.

1 PERSONNE PRÉPARATION **5 MIN** CUISSON **10 MIN**

GROG AUX ÉPICES

LISTE DE COURSES

- 2 cl de rhum ambré
- 2 c. à s. de miel
- Le jus d'½ citron non traité + 1 rondelle
- 1 étoile de badiane
- 1 bâton de cannelle
- 1 pincée de gingembre
- 1 sachet de tisane (tilleul, verveine)

Versez 25 cl d'eau chaude dans une petite casserole, ajoutez le rhum, le miel, le jus de citron. Portez à ébullition en fouettant doucement. Ajoutez les épices, le sachet de tisane et la rondelle de citron. Éteignez le feu.

Couvrez la casserole et laissez infuser pendant 15 min.

Retirez le sachet de tisane, rallumez le feu et portez à frémissements.

Versez dans une tasse et buvez aussi chaud que possible.

1 PERSONNE PRÉPARATION **10 MIN** REPOS **30 MIN** CUISSON **10 MIN**

LE VRAI CHOCOLAT CHAUD

LISTE DE COURSES

- 50 g de chocolat noir à 70 % de cacao
- 20 cl de lait
- 5 cl de crème fleurette
- 1 sachet de sucre vanillé
- 1 pincée de fleur de sel

Version épicée :
- ¼ de gousse de vanille
- 1 petite pincée de clou de girofle écrasé
- 1 pincée de cannelle en poudre
- 1 pincée de noix de muscade fraîchement râpée
- 1 tour de moulin à poivre

Hachez le chocolat noir.

Versez le lait et la crème dans une casserole ainsi que le sucre vanillé. Portez doucement à ébullition tout en fouettant. Hors du feu, ajoutez le chocolat haché, remuez jusqu'à ce que la consistance soit lisse et onctueuse. Si le chocolat semble trop épais, ajoutez un peu de lait. Terminez en incorporant la fleur de sel.

En version épicée, procédez de la même manière mais faites préalablement infuser le mélange lait/crème/sucre avec ¼ de gousse de vanille. Ajoutez à la fin de la préparation, le clou de girofle écrasé, la cannelle, un peu de muscade fraîchement râpée et un tour de moulin à poivre.

1 PERSONNE PRÉPARATION **5 MIN** REPOS **1 H 30** CUISSON **2 H 10 MIN**

PAIN PERDU ET CONFITURE DE LAIT MAISON

LISTE DE COURSES

- *1* boîte de lait concentré sucré
- *1* œuf
- *15* cl de lait
- *1* c. à c. de sucre
- *15* g de beurre
- *1* filet d'huile
- *2* tranches de pain rassis un peu épaisses
- *1* sachet de sucre vanillé

Préparez la confiture de lait : disposez la boîte de lait concentré dans une casserole et couvrez-la largement d'eau. Laissez cuire pendant 2 h à partir de l'ébullition en veillant à ce que la boîte soit toujours immergée. Au terme de la cuisson, retirez la boîte de la casserole et laissez complètement refroidir avant d'ouvrir (risque de brûlures). Ouvrez ensuite la boîte, versez le contenu dans un récipient creux et travaillez la crème à la fourchette pour la rendre onctueuse. Mettez la crème dans un bocal en verre.

Fouettez l'œuf avec le lait et le sucre.

Faites chauffer le beurre et l'huile dans une poêle. Trempez le pain dans le lait sur les 2 faces, jusqu'à ce qu'il soit juste imbibé.

Faites dorer les tranches de pain dans le beurre, en les retournant à mi-cuisson.

Saupoudrez de sucre vanillé et dégustez chaud ou tiède avec la confiture de lait maison.

Conservez la confiture de lait au réfrigérateur dans un bocal fermé et consommez-la dans les 5 jours.

INDEX PAR INGRÉDIENTS PRINCIPAUX

REMERCIEMENTS

Un grand merci à notre petite équipe : Marie Baumann, Sophie Greloux et Fabrice Veigas, avec qui j'ai toujours grand plaisir à travailler !

Merci à Mérédith Roturier pour son assistance précieuse.

Merci également aux marques suivantes pour leurs prêts :
Caravane : www.caravane.fr
Maisons du Monde : www.maisonsdumonde.com
Habitat : www.habitat.fr
Le Creuset : www.lecreuset.fr
Bloomingville : www.bloomingville.com
Kenwood pour son robot pâtissier Kmix : http://www.kenwoodworld.com

Conception graphique : Stéphanie Boulay
Secrétariat d'édition et mise en page : Sophie Greloux